OS ESTONIANOS

OS ESTONIANOS

JULIA SPADACCINI

Cobogó

Sobre a peça

Os estonianos é a segunda peça da minha companhia de teatro, que se chama Casa de Jorge. Nós queríamos falar sobre a insatisfação, de como estamos sempre em busca do que não temos, de quem não somos, e de como o universo tecnológico parece piorar ainda mais esse descontentamento. Por coincidência, um amigo me contou que para se ter mais aplicativos na página do Orkut, uma rede social que hoje já está obsoleta, era possível colocar no próprio perfil que se era natural da Estônia. E me falou também que, por curiosidade, foi até a página de uma estoniana e achou incríveis as fotos dela, ficou encantado com seus amigos, sua vida, e me disse, em tom de brincadeira, que tudo parecia tão perfeito que acreditava que lá a vida deveria ser muito melhor, muito mais feliz. Aquela conversa engraçada me trouxe a ideia de, através dessa projeção, falar sobre a tal insatisfação que ronda tanto as nossas vidas.

Escrevi *Os estonianos* a partir dessas ideias e depois levei ao grupo. A partir dos ensaios, acabei fazendo algumas modificações no texto.

Julia Spadaccini

A peça *Os estonianos* estreou no Rio de Janeiro, no Teatro de Arena do SESC de Copacabana, em outubro de 2008. Em seguida, foi encenada no Teatro Poeira e no Planetário (teatro Maria Clara Machado).

Elenco
MARÍLIA: Ana Kutner
PEDRO: Jorge Caetano
FRED: Pedro Monteiro
LIVIA: Thais Tedesco
SUELY: Ana Baird

Direção
Jorge Caetano

Texto
Julia Spadaccini

Direção de Movimento
Márcia Rubin

Cenário
Natália Lana

Figurino
Thais Tedesco

Iluminação
Ana Kutner

Trilha Sonora
Jorge Caetano

Produção Executiva
Thatiana Zaidan

PERSONAGENS

PEDRO: Homem de trinta e tantos anos. Jornalista casado com Marília.

LIVIA: Mulher de trinta e poucos anos. Solteira.

MARÍLIA: Mulher de trinta e muitos. Psiquiatra.

FRED: Homem de trinta e poucos. Economista. Melhor amigo de Pedro.

SUELY: Mulher de trinta anos. Atendente de uma lanchonete, também entrega lanches no bairro.

PRÓLOGO

Pedro entra em cena.

PEDRO: Meu nome é Pedro. Sou jornalista. Uma crônica por semana. Minha mulher se chama Marília, é psiquiatra, cinco problemas por dia. Estamos casados há quatro anos. Nesse momento ela está bebendo lá dentro, conversando com as amigas sobre a nossa crise conjugal. Ela consegue falar como se soubesse exatamente em que pé estamos. Tem nomenclaturas e adjetivos bastante concretos. [*traga*] Já eu... eu não tenho tanta certeza. [*pausa*] Sei que alguma coisa está mudando, mas o quê? O quê? Eu não sei... só sei que estamos numa geleia sentimental. Um pisa e o outro afunda. [*pausa*] Engraçado esse momento, você olha para o outro, e não lembra mais como era... não lembra mais... o outro na sua frente, e nada volta a ser como era... por que não? [*pausa*] Antes da Marília, eu namorei uma mulher durante dois anos. Na semana passada, encontrei essa mulher na rua e tentei lembrar da gente, do beijo... lembrar do beijo... ela falava comigo, e eu tentando lembrar. E era como se nada... um deserto no meio... Olho para Marília e penso no nosso início:

um chope. Uma conversa. Uma gargalhada. Sexo. E agora já não sabemos mais como sair para conversar sobre um grupo de rock, um filme, uma música. [*traga*] Fico tentando refazer a história da gente e chegar no momento em que houve um... como é mesmo o nome disso?

Entra Livia.

CENA 1

Pedro está parado no mesmo lugar. Livia está com um cigarro nas mãos. Livia fala de onde está, como se realmente estivessem muito longe um do outro.

LIVIA: Tem fogo?

PEDRO: Não fumo.

Pausa.

LIVIA: Eu vi você fumando.

PEDRO: Impressão.

LIVIA: Tá achando a festa chata?

PEDRO: Quando era chato, era bom.

LIVIA: Posso saber o seu nome?

PEDRO: Não.

LIVIA: Você está sozinho?

PEDRO: Depende.

LIVIA: Depende do quê?

PEDRO: [*entediado*] Olha, a gente não precisa desenvolver uma conversa. Eu nem sei quem você é e também não estou muito interessado. Não que você não seja interessante... Você parece ser ótima, uma graça, é bonitinha e tal... Me desculpe a estupidez, mas eu vou ficar mais cinco minutos aqui nessa sacada e depois vou embora com a minha mulher. E é isso. Nada de mais... nada a mais... nada...

LIVIA: [*tentando adivinhar*] André... você tem a maior cara de André. Os Andrés têm um rosto quadrado assim como o seu.

PEDRO: Meu nome não vai fazer nenhuma diferença para você nesta noite. Nenhuma. Você pode continuar na festa sem saber o meu nome, que tudo vai continuar exatamente igual.

LIVIA: Livia.

PEDRO: Aliás, devem ter nomes bem mais interessantes que o meu.

Pausa. Pedro olha para Livia um tempo.

LIVIA: [*estendendo a mão*] Prazer.

Pedro ri.

LIVIA: Que foi?

PEDRO: Acho engraçado dizer que sente prazer antes de sentir.

LIVIA: É uma maneira de remediar o que vem depois.

PEDRO: E o que vem depois?

LIVIA: A falta de prazer.

Os dois riem.

LIVIA: Pode me emprestar o fogo?

PEDRO: Já disse que não fumo.

LIVIA: Escondendo da sua mulher?

Pausa.

PEDRO: De mim…

LIVIA: Eu já fiz isso. Passei três meses escondendo meus maços e meu isqueiro de mim mesma. Eu fazia isso tão bem, que quase acreditava… mas depois de um tempo eu me descobri e me achei ridícula.

PEDRO: Ainda não tenho maturidade suficiente para isso.

LIVIA: Você faz o quê?

PEDRO: Em que sentido?

LIVIA: No sentido de fazer mesmo.

PEDRO: No sentido de fazer mesmo, eu nunca fiz.

LIVIA: Você é sempre tão chato?

PEDRO: E você é sempre tão previsível?

LIVIA: Nunca.

PEDRO: Previsível esse seu "nunca". Você é amiga do dono ou da dona da casa?

LIVIA: Do porteiro.

Pausa.

LIVIA: Tá vendo como não sou tão previsível...

PEDRO: Bom, eu vou embora.

Pedro passa por Livia, que o segura pelo braço.

LIVIA: [*meio alta*] Olha, você pode ir embora com a sua mulher. Pode ir embora e me deixar aqui sem responder nada. Na verdade, eu não preciso de nenhuma resposta sua. A gente só precisa de respostas de quem a gente conhece. Então, você pode ir embora ou você pode simplesmente me dar um beijo, porque você quer me dar um beijo. Eu sei que você quer dar um beijo... tá na cara que você quer dar um beijo numa outra pessoa. Numa pessoa diferente, só para lembrar como é beijar outra mulher que não a mulher que está com você. Só para beijar alguém que tenha o beijo leve. Que tenha um beijo sem passado, sem futuro. Que tenha um beijo simples. Sem nenhuma responsabilidade. Nenhuma. Um simples estalo na boca. Só. Então, por isso, e só por isso, você vai embora com a sua mulher sem achar esta festa igual a todas as outras...

PEDRO: E você ganha o quê com isso?

LIVIA: Um beijo com alguma história.

PEDRO: Mas nós não temos nenhuma história.

LIVIA: Estou falando da sua.

Pedro fica olhando fixamente para Livia.

CENA 2

Pedro e Marília na sala. Ela lendo uma revista e ele olhando ela ler.

MARÍLIA: [*um pouco irritada*] Que foi, Pedro?

PEDRO: Não disse nada.

Pausa. Pedro continua olhando para Marília.

MARÍLIA: O quê?

PEDRO: Nada.

MARÍLIA: O que foi?

PEDRO: Sei lá… sabe quando…

MARÍLIA: Quando o quê?

PEDRO: Parece que…

MARÍLIA: Parece que…

PEDRO: Sabe quando... não sei explicar direito... sabe quando... parece que a gente passou por uma época onde tudo era muito... presente. Muito autêntico... Sabe? E agora... tudo parece uma tentativa de ser aquilo que era natural e... Eu me sinto distanciado de tudo. Flutuante... meio...

MARÍLIA: Sei.

PEDRO: Sabe?

Pausa.

MARÍLIA: Uma melancolia sobre a fantasia que nós fomos um para o outro.

PEDRO: Tenho inveja de você.

MARÍLIA: Inveja?

PEDRO: Inveja da sua capacidade de verbalizar o que é impossível de ser dito.

MARÍLIA: Tudo pode ser dito.

PEDRO: E agora?

MARÍLIA: E agora o quê?

PEDRO: E agora que tudo foi dito.

MARÍLIA: O que tem?

PEDRO: O que a gente faz?

MARÍLIA: Tem certeza de que precisamos fazer alguma coisa?

PEDRO: Acho que sim. Alguma coisa tem que acontecer.

MARÍLIA: Alguma coisa acontecer é diferente de fazer alguma coisa.

PEDRO: Tem razão. Eu tenho que escolher se vou esperar alguma coisa acontecer ou se vou fazer alguma coisa. Tá certo.

MARÍLIA: Eu prefiro esperar.

PEDRO: Você tem certeza de que sabe o que estou sentindo?

MARÍLIA: Uma vontade de...

PEDRO: Contrário de vontade.

MARÍLIA: [*sem tirar os olhos da revista*] Uma sensação...

PEDRO: Não é isso...

MARÍLIA: Isso o quê?

Ele se levanta bruscamente.

PEDRO: Olha, se você não está me entendendo é porque não está sentindo igual.

MARÍLIA: Quer saber, Pedro? Você tem sempre essa mania de ficar inventando coisas que ninguém tem, só para se sentir diferente... Especial. Quer se sentir diferente da humanidade. Tem tanto medo de ser igual a todo mundo que acaba ficando mais parecido ainda.

PEDRO: Por que você quer sempre resumir as coisas? Por que não me deixa curtir essa sensação e simplesmente dizer: "não tenho a menor ideia do que você está sentindo." Por que não me dá o prazer, uma vez na vida, de me deixar sentir alguma coisa, que eu penso ser diferente do que as pessoas estão sentindo, mesmo que seja exatamente igual.

MARÍLIA: Porque não vou compactuar com a sua síndrome de "grande gênio".

PEDRO: E se eu for um grande gênio, hein? Depois não reclama se você for a vilã da minha biografia... a única pessoa que não acreditou na minha genialidade...

MARÍLIA: Querido, você acha que alguém genial toma remédio para queda de cabelo? Você acha que um cara genial vai beber chope com os amigos toda sexta-feira no mesmo horário? Isso que você está sentindo é o que milhares de pessoas no mundo sentem todos os dias. Angústia. O nome. Angústia. Toma um Rivotril que passa.

Longa pausa.

PEDRO: Eu sonhei com uma mulher, sonhei que estava dando um beijo tão... tão apaixonado... e antes do beijo, aquela percepção do que está próximo a acontecer. Aquele efeito que não volta. O do antes do beijo. Um rosto roçando o outro quase sem tocar, quando se fala alguma coisa sem muita importância no ouvido do outro, porque o que importa é esbarrar o rosto no...

MARÍLIA: [*sem ouvir*] Quem é ela?

PEDRO: Quem?

MARÍLIA: A mulher que ficou te roçando.

PEDRO: Eu falei que era um sonho, Marília.

Pausa.

MARÍLIA: Pedro.

PEDRO: O quê?

MARÍLIA: O chuveiro entupiu de novo. O que será que entope tanto esse chuveiro, meu Deus? Como é que água pode entupir chuveiro? Como é que isso pode acontecer tantas vezes? Era novo. Não tem nem três anos e já entupiu… coisa maluca, né?

PEDRO: Marília.

MARÍLIA: Oi.

PEDRO: Eu não estou feliz.

MARÍLIA: Pedro.

PEDRO: Oi.

MARÍLIA: Ninguém é feliz.

PEDRO: Mas eu não estou feliz de estar infeliz.

Pausa.

MARÍLIA: Pedro.

PEDRO: O quê?

MARÍLIA: Eu te amo.

PEDRO: Eu sei.

MARÍLIA: Não quero começar tudo de novo.

PEDRO: Tudo o quê?

Marília se levanta e começa a se arrumar para sair.

MARÍLIA: Outra pessoa, primeiro encontro, segundo encontro, primeiras discussões, primeiros chiliques, primeiros etc. e tal... Para mim tá bom. Parei aqui. Em você. Gosto de você. E gosto do que você me dá, e o que você não dá eu procuro sozinha, está tudo bem assim... tá bom para mim. Tá bom. Eu te amo. Amo mesmo. Amo. Amo muito. E quando eu digo isso, não é que sou uma pessoa racionalizando a coisa toda. Eu sei por que estou com você. E não tenho a menor vontade de estar com mais ninguém nesse momento... [*pausa*] Ai! Você sempre me faz falar demais...

PEDRO: Qual é o problema de falar demais?

Pausa. Marília muda de assunto e de tom radicalmente.

MARÍLIA: Sabe que fizeram uma pesquisa e descobriram que a mulher só fala mil duzentas e trinta e quatro palavras a mais que o homem? Imagina isso. 1.234 palavras não é nada. É uma ligação para a minha mãe. Todo dia que falo com ela deixo no telefone 1.234 palavras. É muito pouco para dizerem que mulher fala muito. Muito pouco, né?

Pedro fica olhando para Marília, que continua a se arrumar. Longa pausa.

PEDRO: É... muito pouco.

MARÍLIA: Vou ao cinema, quer ir?

PEDRO: Pensar em sair de casa me dá uma vontade de ficar em casa…

MARÍLIA: Pois pensar em ver pessoas numa grande tela, trabalhando para me divertir, me faz muito bem. Beijo, tchau…

PEDRO: E a gente?

MARÍLIA: E a gente o quê, Pedro?

PEDRO: A gente vai continuar assim?

MARÍLIA: Assim como?

PEDRO: Assim, como se tivesse ficado na metade de alguma coisa… como se…

MARÍLIA: Pedro, nós estamos exatamente como sempre estivemos. O que você quer? O que você quer que eu faça? Não posso fazer nada que você já não saiba. Não consigo dizer mais nada interessante. Nesse momento o que você vai ter de mim é infelizmente algo muito sem graça e uma repetição do que você está tendo há algumas semanas. Sinto muito. Não li nada diferente, não conheci ninguém diferente e não me sinto nada diferente. É isso. Vou ao cinema, como em todos os domingos, ver alguma coisa que vou esquecer depois de amanhã, vou voltar para casa e pedir uma pizza, e depois vou dormir. Desculpe se sou tão previsível.

Marília pega a bolsa. E vai embora.

PEDRO: Marília.

CENA 3

Suely está sozinha no palco, sentada de frente para a plateia. Está numa entrevista de trabalho.

SUELY: Pretensão de crescer na empresa? É tipo o quê? Eu não sei se tenho pretensão, não... acho que sim... nunca pensei sobre isso, mas... [*pausa*] Quando eu era criança, eu queria ser vendedora de produtos de beleza. Sempre achei bonito aquelas mulheres que entram nas casas das pessoas e levam perfumes e maquiagens e outras coisas. E depois tomam um café e conversam. Sempre achei. Quando eu recebi o meu primeiro salário, comprei um daqueles catálogos para vender para as amigas. Mas agora as pessoas levam o catálogo para casa e depois te devolvem com um "x" no produto que querem. Se eu pudesse escolher, eu queria ser uma daquelas moças. E sentar no sofá da sala e olhar a pele da dona da casa e dizer: "O corretivo é o número 2. O batom é o número 24 e o pó é o número 34. E o blush é o número 5." [*pausa*] É uma coisa tão certa, né? "Usa o número 6 que vai ficar bom..." Acho lindo. Lindo.

CENA 4

Marília senta na frente de Livia.

LIVIA: Parece que tudo ficou para trás... sabe quando... não sei explicar direito...

MARÍLIA: Tenta.

LIVIA: Tudo parece uma tentativa de ser aquilo que era... natural e... entende?

MARÍLIA: Entendo.

LIVIA: Entende?

MARÍLIA: [*entediada*] Distanciada de tudo... pensar em sair te dá vontade de ficar em casa?

LIVIA: Exatamente.

MARÍLIA: Vou te passar um ansiolítico.

LIVIA: É? E o que vai acontecer?

MARÍLIA: Você vai se sentir outra pessoa.

CENA 5

Pedro sentado com Fred. Fred está de terno comendo um sanduíche, no intervalo do trabalho. Os dois conversam olhando para a frente.

FRED: E aí?

PEDRO: Tudo.

FRED: Tudo o quê?

PEDRO: Bem.

Pausa.

FRED: Cara.

Pausa.

FRED: Seguinte…

Pausa.

PEDRO: Fala.

FRED: Nada. Nada, não…

PEDRO: Como é que tá aí?

FRED: Igual.

Pausa.

FRED: Homem é um troço impressionante…

Pausa.

FRED: Os caras passam os dias falando sobre sexo, mulher e escatologia… com pequenas variações sobre o tema.

Pausa.

PEDRO: E você?

FRED: Pô… eu sou gay, Pedro!

PEDRO: Ah, é…

FRED: Mas agora eu já sei o que fazer. Fico ligado. Quando vai chegando a hora da piada... Quando eu sei que está chegando ao fim e que eu tenho que rir para me unir aos bons... quando fica próximo ao fim... eu já começo a rir antes da hora, para no final estar aquecido e quando chegar no clímax gargalhar. Assim, ó...

Fred respira, começa a rir baixinho e depois gargalha alto.

PEDRO: Boa.

Pausa.

FRED: O que foi?

PEDRO: Nada, Fred. Nada.

FRED: Fala...

PEDRO: Tô me sentindo meio... meio... como se estivesse numa ressaca... como se tivesse num "déjà vu" eterno... não sei explicar...

FRED: Eu dei uma parada.

PEDRO: Como?

FRED: De beber...

PEDRO: Não. É em sentido figurado... tô num estado de... é como se as coisas estivessem envelhecidas... mesmo o que é novo. Novidade. Sabe?

FRED: Sei.

PEDRO: Sabe?

FRED: Sei.

PEDRO: Como é?

Pausa.

FRED: Não sei explicar...

Longa pausa.

FRED: Outro dia eu estava no computador, estava no Orkut...

PEDRO: Você tá nesse negócio?

FRED: Cara... [*pausa*] eu sou gay!

PEDRO: Ah, é, eu me esqueço.

FRED: Acho tão engraçado você esquecer.

PEDRO: É porque faz pouco tempo que você...

FRED: Que eu...

PEDRO: Que você me contou.

Pausa.

FRED: Sabe que às vezes eu mesmo não acredito em mim.

PEDRO: Como assim?

FRED: Às vezes eu acho que me assumi só para agradar à minha analista. É que ela sempre acreditou tanto nisso, acreditou tanto que eu... eu... eu sei lá… Minha família também, todo mundo tinha tanta certeza de que eu… e todo mundo ficou tão aliviado… [*pausa*] O que eu estava falando mesmo?

PEDRO: Orkut.

FRED: Então, eu vi que um cara tinha me adicionado. E ele era da Estônia. Eu desconfiei no início, porque às vezes as pessoas colocam que são de outros lugares.

PEDRO: Por quê?

FRED: O quê?

PEDRO: Por que colocam que são de outros lugares se lá é um lugar para encontrar pessoas?

Pequena pausa.

FRED: [*sem prestar atenção em Pedro*] Bom, mas depois cliquei na página dele e vi que os amigos deles todos eram da Estônia. Aí fiquei olhando a foto daquelas pessoas… fiquei olhando… e… cara… a Estônia… a Estônia é linda, cara! Os estonianos são lindos. É tudo tão… tão lindo. Tão perfeito. Eles… e as fotos deles. Eles são pessoas saudáveis, sabe? Dá para ver a alegria deles. São fotos tão honestas. Fotos de almoço de família. Fotos de… almoço de família. Fotos com gente em volta da mesa. Sabe? São fotos coloridas, muito coloridas… muito! E eles são avermelhados e são gordinhos. E sorridentes. São pessoas suculentas, sabe? Não é possível que eles não sejam felizes. Não mesmo. Tenho certeza de que lá é o lugar. [*pausa, sonhador*] Estônia… é a Estônia… Eu vou juntar uma grana e vou para lá. Tô falando sério. Vou largar tudo e vou ser feliz!

Entram as três atrizes de terno. Fred e as três atrizes dançam como se estivessem no pensamento de Fred, um furo no tempo. Música termina. Voltamos para a cena de Fred e Pedro.

FRED: Você está bem, cara?

Pausa.

FRED: A Marília está bem?

PEDRO: Não sei...

FRED: Tô te achando meio... tem um tempo que você tá... [*pausa*] esse papo de ressaca... será que você está depressivo, cara? Será? Olha, eu tenho um primo que estava depressivo, tomou um remédio e ficou muito bem. Muito bem. É outra pessoa. Outra pessoa. [*pausa*] É outra pessoa. Outra... [*pausa*] pessoa...

Pausa.

FRED: Tô só falando que às vezes é falta de química, eu li sobre isso... às vezes falta... falta mesmo... aí a pessoa fica sem vontade e tal... mas o remédio é tranquilo... hoje em dia muita gente toma... bom... você sabe... qualquer coisa... bom... pode contar... tenho que voltar...

PEDRO: Tá.

FRED: Até.

CENA 6

*Suely ao telefone. Está vestida com a roupa de uma lancho-
nete, com logomarca na camiseta escrita:* Big Bang.

SUELY: Número 4. Uma salada de frango. Uma batata pequena e uma Coca pequena. Promoção número
4. Como? Salada de frango sem alface? Tá. E a
batata sem sal, tá… A Coca é zero. Tá. [*pausa*] E o
frango a senhora ainda vai querer?

CENA 7

Livia na terapia com Marília.

LIVIA: Uma coisa que sempre passa pela minha cabeça, várias e várias vezes seguidas, é o seguinte…
eu estou andando no meio-fio, olhando para as
pessoas, e aí me vem o pensamento, sempre o
mesmo [*pausa*]: "E se eu nunca conhecer o Afeganistão? Hein?" Sim, porque provavelmente eu
nunca vou escolher uma viagem para o Afeganistão. Por que eu escolheria o Afeganistão? Quem
escolhe o Afeganistão quando recebe o décimo
terceiro? Quem? O Afeganistão vai ser sempre o
último da lista? Vai ficar para sempre na lista dos
"nunca". Então? Como fica? E se eu morrer sem
saber como são as estações lá? Sem saber como
o sol se põe no Afeganistão e como as pessoas
de lá sorriem ou como gargalham, e nunca vou
poder contar uma piada para um afegão e dar um

abraço apertado nele e sentir seu coração afegão pulsando junto ao meu. Nunca. Isso me deixa tão angustiada. Tão...

Silêncio.

MARÍLIA: Você já pensou na possibilidade de isso representar a incomunicabilidade com a sua mãe?

LIVIA: Não.

MARÍLIA: Está tomando o remédio?

LIVIA: Estou.

MARÍLIA: Como está se sentindo?

LIVIA: A mesma pessoa.

MARÍLIA: Na próxima sessão conversamos sobre isso.

CENA 8

Pedro está em casa. Chega Suely com um saco de lanche nas mãos e um guarda-chuva.

SUELY: Vinte e cinco reais.

PEDRO: Tá.

Pedro continua parado como se não tivesse ouvido o que Suely disse.

SUELY: É 25…

PEDRO: [*acordando*] Ah! Tá.

Pedro tira o dinheiro do bolso e dá para Suely. Suely pega e se vira para ir embora.

PEDRO: Espera.

SUELY: Oi.

Pedro fica parado olhando Suely.

SUELY: Alguma coisa errada?

PEDRO: Não, tudo certo. [*pausa*] Você quer entrar?

SUELY: Como?

PEDRO: Quer entrar um pouco?

SUELY: Não entendi.

PEDRO: É que eu acho falta de educação não te convidar, afinal você veio até aqui trazer o meu lanche e…

SUELY: Esse é o meu trabalho.

PEDRO: Você não fica curiosa de ver como é a casa das pessoas? Você vai até a porta e depois… não é engraçado? Você pega o endereço, vai até eles e nunca entra.

Suely fica olhando sem entender.

PEDRO: Tudo bem se você não quiser, eu vou entender. Eu só acho que você poderia tomar uma água, ou um café...

Suely fica parada um tempo e depois entra lentamente. Olha tudo em volta.

PEDRO: Água?

SUELY: Café.

Os dois ficam se olhando. Pedro senta ao lado de Suely.

PEDRO: Qual é o seu nome?

SUELY: Suely... com y...

PEDRO: Pedro com p...

Suely ri. Levanta e fica olhando as coisas.

PEDRO: Suely...

SUELY: Oi.

Ela senta novamente.

SUELY: E o café?

PEDRO: Não sei fazer... desculpe...

SUELY: Tenho que ir.

PEDRO: Fica só mais um pouco…

SUELY: Tá.

Os dois continuam parados.

PEDRO: Suely.

SUELY: O quê?

PEDRO: Você está bem?

Os dois ficam se olhando como se estivessem enfeitiçados.

SUELY: Tudo bem.

PEDRO: Tem se divertido?

SUELY: Mais ou menos. E você?

PEDRO: Não muito.

SUELY: Eu também não.

Pausa.

SUELY: Pode ser uma cerveja.

PEDRO: Como?

SUELY: Não tem café, pode ser cerveja.

PEDRO: Ótimo!

Pedro se levanta e vai buscar a cerveja. Os dois bebem.

SUELY: Não vai comer a salada de frango?

Pausa.

PEDRO: Suely, você é feliz?

Suely dá uma gargalhada e não consegue parar de rir.

PEDRO: O quê?

SUELY: Você é muito engraçado. Muito. Muito engraçado.

PEDRO: Devo ser...

Pausa.

SUELY: Por que aquele aquário está vazio?

PEDRO: Era um beta que morreu.

SUELY: Beto?

PEDRO: Beta. Aquele peixe que fica sozinho num aquário, porque se colocarem outros ele come os outros. [*pausa*] E o mais engraçado é quando a gente coloca um espelho na frente dele, e ele se vê refletido. Ele fica achando que o reflexo dele é outro peixe, e se infla todo para brigar. Fica todo inchado. [*pausa*] E briga com ele mesmo...

Pausa.

SUELY: Eu tinha uma tartaruga.

PEDRO: É?

SUELY: O casco rachou.

PEDRO: Nossa.

SUELY: Ela ficava muito tempo na água. E não pode. Mas ela gostava. Aí o casco amoleceu e quebrou.

PEDRO: Bom, né?

SUELY: É...

PEDRO: Morrer porque se divertiu muito.

SUELY: É.

Pausa.

SUELY: Nossa, quanto livro!

PEDRO: Você gosta de ler?

SUELY: Acho lindo...

Suely aponta para a foto de Marília.

SUELY: Aquela é a sua mulher?

PEDRO: É.

SUELY: Bonita.

PEDRO: É.

SUELY: Ela não vai ficar chateada de me ver aqui?

PEDRO: Vai.

SUELY: Então, eu vou embora.

PEDRO: Espera só mais um pouco.

SUELY: Tá.

Os dois ficam em silêncio por um tempo. Blecaute.

CENA 9

Pedro está dormindo no sofá. Suely esqueceu o guarda-chuva. Marília entra em casa e pega o guarda-chuva. Pedro acorda.

MARÍLIA: O que é isso?

PEDRO: [*acordando*] O quê?

MARÍLIA: De quem é isso?

PEDRO: [*extremamente calmo*] Ah... da Suely...

MARÍLIA: Que Suely?

PEDRO: Suely com y...

MARÍLIA: Quem?

PEDRO: A moça do Big Bang Lanches.

MARÍLIA: Não entendi. Ela entrou aqui em casa?

PEDRO: Entrou.

MARÍLIA: Por quê?

PEDRO: Eu convidei para um café.

MARÍLIA: Você não sabe fazer café.

PEDRO: É verdade... tenho que aprender.

Marília fica olhando para Pedro por um tempo.

MARÍLIA: O que você está fazendo, Pedro?

PEDRO: Em que sentido?

MARÍLIA: O que você quer com isso?

PEDRO: Isso o quê?

MARÍLIA: Não tô conseguindo entender qual é a mensagem.

PEDRO: Não tem mensagem.

MARÍLIA: Sempre tem.

PEDRO: Não, Marília, às vezes as entrelinhas somem, desaparecem.

PEDRO: Vai sair de novo?

MARÍLIA: Vou deixar você uns dias sozinho com a sua crise babaca e egoísta. Quando eu voltar, se você ainda estiver dando uma de adolescente perdido, a gente senta e conversa, ok?

Marília indo embora.

PEDRO: Marília.

Marília olha para Pedro.

PEDRO: Você não vai me dizer nada. Você não tem nada para me dizer? Nada? Só vai me dizer isso? Eu queria tanto que você me dissesse alguma coisa. Uma coisa importante. Diferente. Uma só.

Longa pausa.

MARÍLIA: Você está louco, Pedro.

PEDRO: Você define um louco assim? Tão rápido?

Marília fica olhando para Pedro e depois vai embora. Pedro abre o guarda-chuva e coloca em cima da cabeça. Blecaute.

CENA 10

Quando a luz volta, vemos Pedro na mesma posição, Fred comendo um sanduíche do seu lado e o guarda-chuva no chão. Os dois olhando para a frente, desanimados.

FRED: Uma coisa que sempre passa pela minha cabeça, várias e várias vezes seguidas. Eu estou andando no meio-fio, olhando para as pessoas, e aí me vem o pensamento, sempre o mesmo.

PEDRO: Fala...

FRED: Eu quase fui despedido.

PEDRO: É... por quê?

FRED: Na sala onde eu trabalho dá para ver toda a praia do Flamengo. É uma vista linda, sabe? Muito linda. De tirar o fôlego. No verão é ainda mais bonita...

PEDRO: E daí?

FRED: Eu trabalho dez horas por dia naquela sala, com aquela vista.

PEDRO: Legal.

FRED: Não, cara. Não é legal. Não é. Definitivamente. É triste. Aquela vista que te sussurra: Faltam oito horas, sete horas, seis horas...

Pausa.

FRED: Eu cheguei mais cedo no trabalho e pintei a minha janela de preto.

Longa pausa.

FRED: Meu chefe viu e me deu uma semana de descanso. Ele vai me mandar embora. Eu sei.

PEDRO: Por que você está de terno hoje, Fred?

FRED: Estou?

PEDRO: Está.

FRED: Sabe o que é o mais irônico, cara? Eu não sei descansar. Não sei. Desaprendi. Vou até aquela vista da praia que eu via da janela do escritório, sento na areia. Vou até lá... Olho para o mar e me dá fobia. [*pausa*] É muito para mim. [*pausa*] Muito ar de uma vez só.

Pausa.

PEDRO: E a Estônia?

FRED: Cara, na Estônia é... lá as coisas são... Não te contei, mas estou me correspondendo com uma

estoniana linda. Linda! Ela tem as bochechas ro-
sadas... uma coisa. Dá para ver que ela é feliz. E
ela me manda aquelas fotos em volta da mesa.
Tão lindo.

PEDRO: Você não é gay, Fred?

FRED: Não é o que você está pensando. É amizade. E depois quando eu chegar lá, já tenho lugar para ficar.

Toca a campainha.

FRED: Tá esperando alguém.

PEDRO: Não.

Pedro abre e Suely está na porta chorando.

PEDRO: Suely?

Suely abraça Pedro e Fred fica olhando.

SUELY: Desculpa, será que eu posso entrar um pouquinho?

PEDRO: Claro. O que aconteceu?

Suely entra e vê Fred.

SUELY: Desculpe incomodar. [*entregando*] Quer sanduíche
de salada de frango, sem alface e sem frango?

PEDRO: Obrigado.

Silêncio. Suely começa a chorar.

PEDRO: O que aconteceu, Suely?

SUELY: Não quero falar agora, tá?

PEDRO: Tá.

Longa pausa. Fred e Pedro se olham.

SUELY: Fui fazer uma entrega. Aí uma mulher abriu a porta. E…

Suely fica parada olhando fixamente para a frente.

PEDRO: O que foi, Suely?

Fred olha Suely fixamente.

PEDRO: Ela te tratou mal?

SUELY: Não. Não tratou. Ela sorriu e… estendeu a mão e me entregou o dinheiro e…

PEDRO: E… o quê?

SUELY: E eu não consegui… Não consegui entregar o sanduíche. Eu não consegui. Eu… não…

PEDRO: Por quê?

SUELY: Porque ela… porque ela… porque ela não me convidou para entrar. Ela não me convidou… e eu não consegui entregar... eu não vou mais conseguir e... entende? Nunca mais vou conseguir ficar na porta sem entrar... é como se... cada vez que alguém atender e não me convidar eu vou... Eu não consigo mais.

FRED: Entendo.

Pedro e Suely olham para Fred.

FRED: Eles nunca convidam a gente para entrar. Nunca! Eu sei o que é ficar na porta. Sei o que é levar a comida e ficar na porta.

PEDRO: Do que você está falando?

FRED: Daqueles filhos da puta! Daqueles... dos caras que deixam a gente na porta, que batem a porta na cara da gente. E você leva a comida, você leva tudo, e eles te dão a vista. Aquela vista. Mas não abrem a porta para você entrar e...

PEDRO: Fred!

FRED: [*se recompondo*] Desculpa... eu só queria dizer que entendo.

SUELY: Tá. [*pausa*] Valeu.

PEDRO: Vou fazer um café.

FRED: Você não sabe fazer café.

SUELY: Não sabe.

PEDRO: Comprei uma cafeteira.

Pedro sai. Suely e Fred continuam sentados sem se olhar nem falar. Entra música.

CENA 11

Livia no consultório com Marília.

LIVIA: Tenho tido pensamentos estranhos.

MARÍLIA: Ruins?

LIVIA: Não sei.

Marília fica olhando.

LIVIA: Fico pensando em falar com as pessoas na rua.

MARÍLIA: Falar como?

LIVIA: Falar: "Oi, tudo bem?" Tenho muita aflição de passar pelas pessoas e não conhecer ninguém. Aí penso que poderia conhecer tanta gente. Imagina se a cada esquina eu pudesse perguntar alguma coisa. Ou dizer. É que eu olho para as pessoas e todas me parecem tão familiar. Aí, cada vez que eu não falo o que queria, sinto uma solidão. Como se aquela pessoa tivesse ido embora antes.

MARÍLIA: Dê um exemplo.

LIVIA: Outro dia eu estava no ônibus e tinha uma moça do meu lado com o walkman cantando baixinho. Eu queria perguntar: "Que música você está ouvindo? Me deixa escutar com você? Para onde você está indo? Para onde? Dormiu bem?" [*pausa*] Aí, quando ela se levantou e foi embora me deu uma solidão dela. Como se eu não tivesse dito tudo o que eu queria.

MARÍLIA: Livia, acho que você está passando por uma crise de ansiedade. Vamos aumentar um pouco a dose do remédio e me diz se você vai se sentir melhor, ok?

CENA 12

Fred bastante nervoso.

Meu nome é Fred, eu não sou ator, mas eu me matriculei neste curso porque na minha empresa exigem que eu esteja feliz e seja educado com as pessoas o tempo todo e não quero ser mandado embora... então me matriculei. Ontem li um pouco do livro do cara que vocês falaram... o cara da memória emocional... emotiva... ah, é, emotiva... achei interessante, mas não consegui fazer o exercício... não me lembro muito bem de um momento em que eu estava feliz... muito feliz... não lembrei... preciso seguir outro caminho, técnica... talvez... não sei...

CENA 13

Local do encontro para almoço.

FRED: [*paranoico*] Eu preciso da sua ajuda.

PEDRO: Para quê?

FRED: Os caras vão me mandar embora. Eu sei. Vão. Eles sabem o que eu penso sobre eles. Eles sabem. Sabem.

PEDRO: Como é que eles sabem?

FRED: As câmeras. Tem mais de 42 câmeras espalhadas. No banheiro também. Tem. E eu sei que pelas imagens eles sabem o que eu penso. Eu sei que eles sabem. Pela minha expressão. Eu fico treinando fazer cara de feliz, mas não consigo. Me matriculei num curso de interpretação para TV. Eles ensinam lá. Ensinam. Mas eu não tenho talento. O professor disse que eu tenho que ensaiar mais. Quero que você me ajude. A gente ensaia ser feliz. Se você me ajudar eu te levo comigo para a Estônia. Tô juntando uma grana. Te arrumo uma estoniana, amiga da minha.

PEDRO: Eu não quero ir para a Estônia.

FRED: Quer, sim. Você quer e não sabe que quer, mas quer. Você não viu as fotos. Tem que ver. Vou te mandar.

PEDRO: Fred.

FRED: O quê?

PEDRO: Relaxa.

CENA 14

MARÍLIA: Estranho tocar a minha própria campainha e esperar ser atendida por você.

PEDRO: Você tem a chave.

Marília entrega as chaves.

PEDRO: Tem certeza?

MARÍLIA: Não. Mas certeza mesmo eu nunca tive.

PEDRO: Tem razão.

Pausa.

MARÍLIA: E você?

PEDRO: Certeza?

MARÍLIA: O que tem feito?

PEDRO: Trabalhando na minha crise adolescente babaca.

MARÍLIA: E aí, descobriu alguma coisa?

PEDRO: Descobri que eu sou um adolescente babaca.

MARÍLIA: Isso eu já sabia.

Os dois riem.

PEDRO: Eu não quero que você vá embora, mas também não quero que você fique.

MARÍLIA: Sei.

PEDRO: Não quero o que a gente tinha, mas a gente também tinha coisas boas.

MARÍLIA: Tinha.

PEDRO: Será que...

MARÍLIA: Não.

PEDRO: Às vezes eu penso que estou sendo covarde. Porque parece que é mais fácil terminar do que seguir e entender e passar por isso e… mas também a possibilidade de recomeçar. De conhecer alguém que não sabe de nada. Alguém que olhe para mim e pense que não precisa de mais nada.

MARÍLIA: E depois? Recomeçar de novo e de novo e de novo? Para sempre? Felizes para sempre cinquenta vezes na vida. Eu tenho inveja de você. Tenho inveja da tua disposição para fantasiar. Inveja da tua leveza. No fundo, eu também queria ser uma adolescente babaca. Mas tem uma adulta chata dentro de mim, e aí não tem mais volta. Se eu fingir, fica ridículo. Não dá. Tarde demais.

PEDRO: E eu invejo a sua adulta chata.

MARÍLIA: Mentira.

PEDRO: É. Mentira.

MARÍLIA: Quando você me conheceu, quando você me olhou das primeiras vezes, eu senti um arrepio, porque seu olhar era tão cheio de expectativas. Você me via de um jeito. E eu pensava: "Ai, que medo desse olhar. O dia em que ele descobrir que esse olhar é só dele, vou me dar mal." [*pausa, muda o tom*] Enfim, chegamos exatamente no lugar que eu imaginava. Mas sabe que até me dá alívio. É. Eu tinha tanto medo de ser descoberta que acho que acelerei o processo para acabar logo com a…

PEDRO: [*interrompendo*] Marília. Não faz isso…

Marília para, olha para baixo. Olha novamente para Pedro, sorri e vai embora.

CENA 15

Livia ao telefone.

LIVIA: Como é? Não. Não quero fazer seguro de vida. Não quero. Pô, eu tenho 35 anos. Como, está na hora? 35! Beneficiários? Não... Não tenho beneficiários. Não, minha filha. Ninguém vai se beneficiar com a minha morte. Já disse que não.

Fred e Pedro sentados.

FRED: Você quer um sanduíche de frango?

PEDRO: Cara, isso é muito ruim.

FRED: Mas é seguro.

PEDRO: Como assim?

FRED: Salada de frango é uma coisa honesta. Tenho quatro na mochila. Se a água no mundo tá acabando, imagina os frangos...

Livia continua no telefone.

LIVIA: Não tenho beneficiários. Não tenho. "Como é que uma pessoa não tem beneficiários?" A moça do banco fez de propósito. Essa gente é cruel. Aposto que ficou procurando no catálogo gente que não tem beneficiários. Aposto. Com certeza ela também não tem. Como alguém tenta me vender um seguro de vida, se eu não tenho beneficiários?

[*pausa*] E eu que pensei que com trinta teria tantos beneficiários… [*pausa*] Você tem beneficiários?

Fred e Pedro sentados.

FRED: Você viu o jornal ontem?

PEDRO: Não.

FRED: Um canguru se matou.

PEDRO: Animais não se matam, Fred.

FRED: Era o que eu achava.

Livia ao telefone em outra ligação. Livia ao atender ao telefone.

LIVIA: Sandra, não… espera… Suzana, Sara… não… Solange…Solange é bom… [*faz bico*] Solange… Suelen… é… isso, Suelen! Suelen é legal… como? Seios? Tenho que colocar isso… é bom, né… de praxe… tá. Seios… [*olha para seus seios*] dignos. É, seios dignos… Cabelos [*olha para a peruca*] loiros e boca… não, boca, não… é… coxas… não… bunda também não… olhar, isso! Olhar sincero… olhar sincero não é legal?

Pedro e Fred sentados.

FRED: Pedro, você reparou que as moscas desapareceram do mundo?

Suely ao telefone na lanchonete.

SUELY: Sei. Sei. Salada de frango. [*pausa*] Não, não temos milho na salada de frango. Porque não. Não temos, senhora. Nem se pagar a mais. Não trabalhamos com milho. [*pausa*] Olha, eu posso... é... [*Suely olha para os dois lados vendo se alguém observa*] e se eu te levar um sanduíche com bastante milho, você me convida para um café?

CENA 16

Livia de peruca, caracterizada como prostituta, entra na casa de Pedro.

LIVIA: Pedro, né?

PEDRO: Suelen, né?

LIVIA: É.

Pausa.

PEDRO: Quer beber alguma coisa?

LIVIA: Pode ser.

PEDRO: O quê?

LIVIA: Alguma coisa.

PEDRO: Tá. Aqui.

LIVIA: Obrigada.

Silêncio.

LIVIA: Eu trouxe uma música e... posso colocar?

PEDRO: Ótimo. Música é bom. Legal, mesmo.

Livia começa a dançar, mas esbarra num móvel e pede pra começar de novo.

LIVIA: Ah! Posso começar de novo?

Livia repete a coreografia e começa um striptease. Se atrapalha e pede ajuda a Pedro. Pedro começa a rir.

LIVIA: O que foi? Não está bom?

PEDRO: Não, tá ótimo, muito bom. Muito. É só que... eu... eu não sou desses caras que... entende?

LIVIA: Não.

PEDRO: Eu não faço isso. Mesmo. Na verdade eu estava olhando o jornal e pensei que talvez se eu fizesse, quem sabe me acostumaria fazendo. E poderia ser divertido fazer parte dessa coisa tradicional. Fazendo parte de alguma coisa tão... desculpa. Olha, Suzana.

LIVIA: Meu nome não é Suzana.

PEDRO: Ah, é! Suelen, né?

LIVIA: Não.

PEDRO: Samantha?

Livia tira a peruca e senta ao lado de Pedro.

LIVIA: Olha, desculpa, você deve ter rido porque eu não sei fazer direito, fiquei treinando em casa e...

PEDRO: Não! Você foi ótima. Eu é que não estou acostumado.

LIVIA: Nem eu.

PEDRO: Não?

LIVIA: Eu nunca fiz isso.

PEDRO: Não?

LIVIA: É. Nunca, mas é que eu estava me sentindo meio sozinha e... pensei que... talvez... É que acho que uma pessoa que liga para esse tipo de serviço é tão solitária... tão... E eu achei que se tivesse perto de alguém assim... eu talvez esquecesse da minha...

Pedro fica reparando em Livia como se a reconhecesse, e Livia se sente desconfortável com o seu olhar.

PEDRO: Livia?

LIVIA: [*estranhando*] É.

PEDRO: Seu nome é Livia?

Livia olha Pedro e o reconhece.

LIVIA: Você... é... naquela festa...

Os dois caem na gargalhada.

PEDRO: Meu Deus! Realmente você tinha razão no que me disse na festa.

LIVIA: O quê?

PEDRO: Que você não é previsível.

Os dois voltam a rir. Silêncio.

LIVIA: Você se lembra do que eu disse?

PEDRO: Eu passei três noites sonhando com aquele beijo.

LIVIA: A gente não se beijou.

PEDRO: Claro. Por isso que eu fiquei sonhando.

LIVIA: Entendi.

PEDRO: Por que você…

LIVIA: O quê?

PEDRO: Você…

LIVIA: Você ainda não me disse o seu nome.

PEDRO: Pedro.

LIVIA: [*repetindo para si*] Pedro… é… os Pedros têm um rosto assim redondo como o seu…

Pedro ri. Silêncio.

LIVIA: Você…

PEDRO: O quê?

LIVIA: Você tinha um beta.

PEDRO: Tinha.

LIVIA: Morreu?

PEDRO: Não, foi dar uma volta. Muito só.

LIVIA: Nunca entendi por que os peixes morrem.

PEDRO: Esse morreu de tanto brigar com ele mesmo.

Silêncio.

PEDRO: Posso colocar uma música?

LIVIA: Melhor não.

PEDRO: Tá.

Silêncio. Livia esboça um choro.

PEDRO: Olha, não chora. Tá tudo bem.

LIVIA: Não estou.

PEDRO: Pensei.

LIVIA: Tentando. [*pausa*] Queria muito.

PEDRO: Você fez uma cara triste.

LIVIA: Quando era triste, era bom.

Pausa.

PEDRO: Eu sei exatamente o que você está sentindo agora.

LIVIA: Eu não vou te dar um beijo.

PEDRO: Eu não quero um beijo.

Os dois se aproximam para um beijo. Blecaute. Música de transição.

CENA 17

Fred está sentado. Tempo. Pedro entra e fica olhando para ele.

FRED: Desculpa…

PEDRO: Você não tem que pedir desculpas para mim…

FRED: Eu fui despedido, né? Pode falar.

PEDRO: Fred, você quebrou as 32 câmeras do prédio onde você trabalha. Você teve é sorte de não ter sido preso.

FRED: Então ficaram faltando dez.

PEDRO: Fred…

FRED: Faltando dez… as do térreo… ficaram faltando.

PEDRO: Fred.

FRED: Eu tinha esse direito. Tinha. Eu trabalho todas as horas mais bonitas do meu dia naquele mausoléu.

PEDRO: Fred.

FRED: Você precisava ver a cara deles. Eu não troco por nada. Precisava ver a cara de espanto. Todos levantados. Todos com medo de mim. Eu. O imbecil da mesa 56. Tive vontade de rir. De gargalhar. [*gritando*] E agora? E agora? Agora você tem medo de mim? Tem medo do mongoloide da baia 56? Fodam-se! Vocês e suas piadas sem graça! Fodam-se! Eles deviam me agradecer! Eu trouxe um pouco de emoção para a vida deles, vão chegar em casa contando alguma novidade.

PEDRO: Vamos embora daqui, Fred.

FRED: Sabe por que inventaram a gravata? Sabe, Pedro? É que é para você lembrar que está sempre com a corda no pescoço. [*rindo*] Com a corda no pescoço. Com a corda...

PEDRO: Vamos embora, Fred.

FRED: Primeiro diz que eu tenho razão.

PEDRO: Fred.

FRED: Você teria feito a mesma coisa, eu te conheço. Por muito menos. Diz que eu tenho razão. Diz! Diz agora! [*num surto*] Que eu tenho razão! Diz que eu não estou maluco! Diz que eu não sou maluco! Diz!

Pausa.

PEDRO: Você não está maluco, Fred... não está...

CENA 18

Marília está sentada no meio do palco. Lê uma revista e chora. Livia chega no consultório.

LIVIA: Eu queria dizer para você... me abrir... hoje é um dia muito feliz... muito feliz... Hoje eu estou muito feliz porque... Porque descobri que estou infeliz. É. Estou assumindo a minha infelicidade para você. A minha infelicidade, a minha ansiedade e todo o resto... E gostaria que você me deixasse viver a minha infelicidade plenamente. Não vou tomar nada. Não quero deixar de sentir o que estou sentindo e muito menos ser outra pessoa. E tem mais. Ontem eu encontrei a menina do walkman e ela me deixou ouvir uma música com ela. E trocamos telefone e vamos tomar um café no sábado para mostrar as músicas que eu gosto...

Longa pausa. Marília fica muda olhando para Livia.

LIVIA: Você não vai falar nada?

MARÍLIA: Não.

LIVIA: Não vai dizer que estou negando nada?

MARÍLIA: Não.

LIVIA: Posso ir?

MARÍLIA: Pode.

LIVIA: Por quê?

MARÍLIA: Porque você tem razão.

Livia sorri para Marília.

Pausa.

LIVIA: Então... na semana que vem... mesmo horário?

MARÍLIA: Sim.

CENA 19

Pedro e Fred entram e sentam.

PEDRO: Vamos pedir um sanduíche de salada de frango?

FRED: Não, cara. A gente merece coisa melhor.

PEDRO: E a Estônia?

FRED: Não vou mais.

PEDRO: Por quê?

FRED: Estava olhando umas fotos na internet e achei uma foto de um estoniano vestido de Papai Noel em Ubatuba. Em Ubatuba, cara. Aí fiquei pensando: como é que um cara que mora na Estônia foi parar em Ubatuba?

PEDRO: A Estônia não deve ser lá grande coisa.

FRED: É, não deve. E outro dia a estoniana me ligou com uma voz péssima. Achei ela meio depressiva. Cortei a relação.

Pausa.

PEDRO: E agora qual é a rota?

FRED: Tonga! Cara, Tonga é maravilhoso! Você tem que conhecer!

Fred abre o mapa e mostra a Pedro.

CENA 20

Livia está em casa, chega Suely com um pacote nas mãos. Livia atende.

SUELY: Vinte e cinco reais.

Livia olha Suely um tempo.

SUELY: É vinte e cinco!

LIVIA: Ah, tá, desculpe!

Quando Suely se vira pra sair, Livia a chama.

LIVIA: Quer entrar?

Suely sorri e fica olhando para Livia. Luz cai aos poucos.

FIM

Sobre a autora

Julia Spadaccini nasceu em 1978, no Rio de Janeiro, onde vive e trabalha. É formada em Artes Cênicas, Arteterapia e Psicologia, e é autora de mais de 15 peças de teatro já encenadas. Trabalhou como roteirista em diversos programas de TV das produtoras Conspiração Filmes e Jodaf Mixer, e, foi, ainda, coautora da série *Oscar Freire 279*, para o canal Multishow, e roteirista do filme *Qualquer gato viralata*, de Tomas Portella. Durante dois anos, escreveu gibis para a Editora Globo, e atualmente é roteirista dos gibis "Luluzinha Teen", da Ediouro. Em 2012, foi indicada ao prêmio Shell de dramaturgia pela peça *Quebra-ossos*.

Copyright © Editora de Livros Cobogó
Copyright © Julia Spadaccini

Editora
Isabel Diegues

Editora Assistente
Barbara Duvivier

Consultoria
Luiz Henrique Nogueira

Coordenação de Produção
Melina Bial

Produção Editorial
Vanessa Gouveia

Revisão Final
Eduardo Carneiro

Projeto Gráfico e Diagramação
Mari Taboada

Capa
Luiza Marcier e Radiográfico

CIP-BRASIL. CATALOGAÇÃO-NA-FONTE
SINDICATO NACIONAL DOS EDITORES DE LIVROS, RJ

Spadaccini, Julia, 1978-
S722e   Os estonianos / Julia Spadaccini. – Rio de Janeiro: Cobogó, 2012.
(Dramaturgia)

ISBN 978-85-60965-28-1

1. Teatro brasileiro. I. Título. II. Série.

12-5042.   CDD: 869.92
CDU: 821.134.3(81)-2

Nesta edição, foi respeitado o Acordo Ortográfico da Língua Portuguesa
de 1990, que entrou em vigor no Brasil em 2009.

Todos os direitos reservados à
Editora de Livros Cobogó Ltda.
Rua Jardim Botânico, 635/406
Rio de Janeiro – RJ – 22470-050
Tel.: (21) 2282-5287
www.cobogo.com.br

Outros títulos desta coleção:

NINGUÉM FALOU QUE SERIA FÁCIL
Felipe Rocha

TRABALHOS DE AMORES QUASE PERDIDOS
Pedro Brício

NEM UM DIA SE PASSA SEM NOTÍCIAS SUAS
Daniela Pereira de Carvalho

ALGUÉM ACABA DE MORRER LÁ FORA
Jô Bilac

PONTO DE FUGA
Rodrigo Nogueira

2012

1ª impressão

Este livro foi composto em Univers.
Impresso pela Prol Editora Gráfica
sobre papel Lux Cream 70 g/m².